Género Texto expositivo

Pregunta esencial

¿Cómo ayudamos a que los animales sobrevivan?

La protección de las islas

Karen Alexander

CAPÍTULO 1

Islas preciosas

Un tiburón gris nada por las aguas del arrecife Maro. Está buscando una presa. Los candiles se mueven uno tras otro entre las ramas de coral. Las plantas marinas oscilan al compás del movimiento del océano. Un ave marina se zambulle profundo en el agua. Vuelve a elevarse con un pez en el pico. Una tortuga pasa nadando mientras mastica algas.

Los candiles nadan entre los corales.

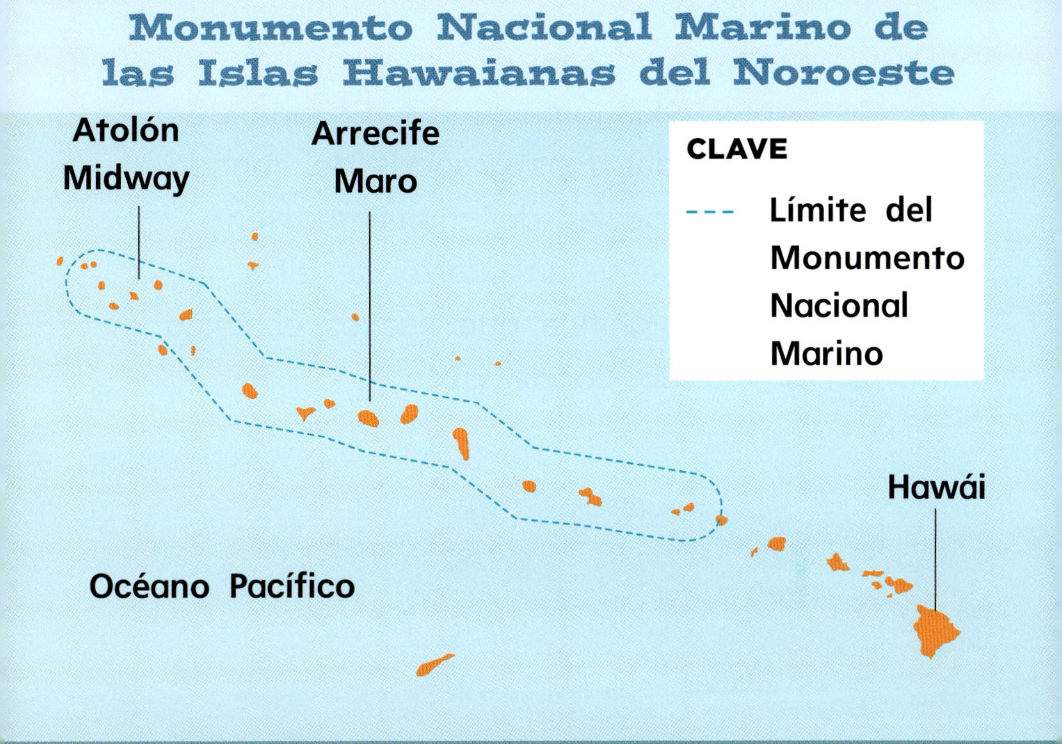

El Monumento Nacional Marino de las IHNO está formado por islas y atolones, y el océano que los rodea. Es más grande que todos los parques nacionales de EE. UU. juntos.

El arrecife Maro es parte de las Islas Hawaianas del Noroeste (IHNO). Estas islas y **atolones** se extienden por 1,500 millas del océano Pacífico. Miles de animales viven en las islas y sus alrededores. Muchos están amenazados o incluso corren peligro de **extinguirse**. Las islas y el océano que las rodea son tan importantes que son un monumento nacional, es decir, están protegidos, al igual que todos los animales que viven allí.

El Monumento Nacional de las IHNO abarca 140,000 millas cuadradas. Es más grande que Missouri y Oklahoma juntos. Es una de las áreas protegidas más grandes del mundo. Más de 7,000 especies de animales viven allí. Aproximadamente un cuarto de ellas son **endémicas**. Eso significa que ese es el único lugar en el mundo donde viven.

La gente no vive en las islas hawaianas del noroeste.

Un lugar especial

Los monumentos nacionales reconocen que un lugar es especial. El lugar puede ser de importancia histórica, cultural, natural o científica. Algunos monumentos nacionales son edificios, como la casa de George Washington en Virginia. Otros son formaciones naturales, como los secuoyas gigantes que hay en California.

CAPÍTULO 2

Un paraíso de corales

El arrecife Maro es solo uno de los arrecifes de coral del monumento. Muchas de las islas están rodeadas por arrecifes de coral. Cientos de diferentes tipos de peces, cangrejos y otros animales viven allí. El monumento protege este **ecosistema** importante.

Los arrecifes de coral son frágiles y enfrentan muchas amenazas. La contaminación puede matar a los corales. La pesca excesiva es otra amenaza. La población de muchos peces grandes de arrecife está disminuyendo.

Un jurel de aleta azul nada entre los corales.

Los arrecifes de coral en el Monumento de las IHNO son especiales porque están muy bien protegidos. Se necesita un permiso especial para visitar los arrecifes. Nadie puede quitar ningún coral. Eso ayuda a que se mantengan saludables. No se permite pescar en los arrecifes de coral. Por eso, los depredadores poco comunes, como el tiburón gris, son abundantes en los alrededores de los arrecifes del monumento.

Es importante proteger todo el arrecife porque los animales de allí dependen de los otros. Los cambios pequeños pueden perjudicar todo el ecosistema.

¡Los corales están vivos!

Los corales están formados por millones de animales diminutos llamados pólipos. Estos toman calcio del agua y lo transforman en caliza. Le dan forma de cuenco y viven allí. Los corales tienen diferentes formas. Algunos son como ramas de árboles. Las algas viven en ellos y les dan su color. El arrecife crece a medida que los pólipos vivientes se adhieren a los pólipos muertos.

Por ejemplo, los peces loro son **herbívoros** que se alimentan de plantas marinas. Usan sus dientes filosos para arrancar **algas** de los corales. Eso mantiene saludables a los corales. Los depredadores grandes, como los tiburones y los jureles, evitan que la población de peces aumente demasiado.

¿Lo sabías?

Algunos científicos piensan que los arrecifes de coral podrían brindar recursos para la creación de nuevos medicamentos. El coral no se puede mover, por lo que produce sustancias químicas para defenderse. Algunas de estas sustancias químicas se pueden usar para crear medicamentos.

El tiburón gris busca alimento en el arrecife.

CAPÍTULO 3

Criadero marino

Las islas del monumento son un lugar de anidación importante para las aves. Todos los años, alrededor de 14 millones de aves ponen sus huevos en las islas del monumento. Es el único lugar en el mundo donde anidan algunas especies de aves.

La mayoría de los albatros de patas negras y los albatros de Laysan del mundo anidan en las islas del monumento. Estas aves regresan a la tierra solo para reproducirse. Los albatros de patas negras están en peligro de extinción. Sus parientes, los albatros de cola corta, hace poco comenzaron a anidar en el atolón Midway.

John Klavitter/USFWS/USGS

¿Lo sabías?
Los albatros jóvenes se quedan en el mar durante los primeros cinco años de su vida.

Un albatros con su pichón

Los albatros de cola corta adultos son blancos y negros. Sus pichones son de color marrón oscuro.

Los albatros de cola corta también están en peligro de extinción. Quedan menos de 2,500 en su hábitat natural. Muchas de sus áreas de anidación han desaparecido. Por eso, es emocionante saber que están anidando en el atolón Midway.

Los albatros de cola corta son las aves marinas más grandes de las islas. Con las alas extendidas, miden alrededor de siete pies de ancho.

No hay muchos sobrevivientes

Antes, se mataba a las aves por sus plumas. Se usaban para rellenar almohadas y decorar sombreros. Muchas especies casi fueron exterminadas. Se mataron casi 5 millones de albatros de cola corta. Los únicos sobrevivientes fueron 50 albatros jóvenes que estaban en el océano.

Las tortugas verdes

Quedan unas 750 tortugas verdes hawaianas en el mundo. Antes, se las mataba por la carne y los caparazones. Hoy, las amenaza el desarrollo costero.

Keith A. Ellenbogen/AP Images

De noche, las tortugas van a la playa y ponen huevos en la arena. Todas las crías rompen el cascarón a la vez. Las tortuguitas salen juntas del nido. Así sobreviven.

Las tortugas hembras no ponen huevos si la gente las asusta. Las luces pueden confundir a las crías. Quizás no puedan regresar al océano.

Las tortugas verdes hawaianas anidan sin problemas en las islas del monumento. No hay gente ni luces que las molesten.

Detective del lenguaje	La palabra subrayada en esta página, ¿es un diminutivo o un aumentativo? ¿Cómo lo sabes?

¡Lo sabías?

Las tortugas verdes siempre regresan a la misma playa para anidar. Los científicos piensan que usan el campo magnético de la Tierra como ayuda para encontrar su rumbo en el océano.

Las tortugas verdes hawaianas crecen hasta cinco pies. Pesan hasta 700 libras. Van a la orilla para calentarse al sol. Ninguna otra tortuga marina hace eso. No todas las tortugas verdes son verdes. Reciben ese nombre por el color de su grasa. Las tortugas son herbívoras. Comen algas y otras plantas del océano. Su pico tiene bordes duros para que puedan arrancar las algas de las rocas.

CAPÍTULO 4

Los animales y la gente

Hawái tiene dos mamíferos endémicos: una especie de murciélago y la foca monje hawaiana. A diferencia de las otras focas, estas viven en aguas tropicales. Comen langostas, anguilas y peces. Pueden sumergirse a más de 1,600 pies para buscar alimento.

Solo quedan unas 1,000 focas monje en el mundo. Están en peligro de extinción.

Antes se las mataba por el aceite y la piel. Hoy, la gente sigue siendo su mayor amenaza.

Las focas monje hawaianas van a la orilla a parir.

Yusuke Okada/a.collectionRF/amana images/Getty Images

Las focas no nos temen. Eso puede ser peligroso, ya que algunas personas les hacen daño. También pueden contagiarse enfermedades de la gente. Además, las redes de pesca y los palangres pueden lastimarlas.

Hoy, la mayoría de las focas monje viven en los alrededores de las IHNO. Allí tienen recursos. Nadan en aguas seguras y descansan en las playas de las islas protegidas.

Las crías de las focas monje nacen con pelaje negro grueso.

Jonathan Blair/Corbis Documentary/Getty Images

¿Lo sabías?

Las focas monje son miembros de una familia conocida como las focas verdaderas. No tienen orejas externas. Oyen por unos orificios que tienen en la cabeza. Con las aletas traseras avanzan por el agua y con las delanteras cambian de dirección.

Un gran paso

En todo el mundo, la gente intenta salvar a los animales amenazados. Intentan proteger las playas y las áreas de reproducción. Tratan de evitar que desechos, sustancias químicas y otros contaminantes vayan al océano. Enseñan a no dañar a los animales por descuido. Actúan como cuidadores de los recursos del mundo.

Al declarar monumento nacional a las Islas Hawaianas del Noroeste, se dio un gran paso en la protección de los animales que viven allí.

Detective del lenguaje	**Halla una serie en esta página. ¿Cómo la reconoces?**

Muchos pescadores atan serpentinas a los palangres para ahuyentar a las aves. Eso evita que las aves marinas queden atrapadas en los anzuelos.

NOAA

Respuesta a la lectura

Resumir

Usa detalles de *La protección de las islas* para resumir la selección. Usa el organizador gráfico como ayuda.

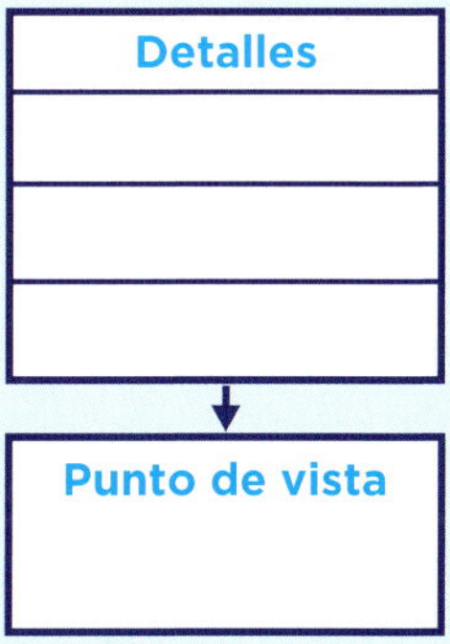

Evidencia en el texto

1. ¿Cómo sabes que *La protección de las islas* es un texto expositivo? **GÉNERO**

2. ¿Por qué escribió la autora este libro? **PUNTO DE VISTA DE LA AUTORA**

3. ¿Cuál es el significado de la palabra *abundante* en la página 6? Mira el sufijo como ayuda para descifrar el significado. **SUFIJOS**

4. Usa detalles del libro para escribir sobre cómo la autora muestra que el Monumento Nacional Marino de las Islas Hawaianas del Noroeste es un lugar importante. **ESCRIBIR SOBRE LA LECTURA**

Género Texto expositivo

Compara los textos

Lee sobre lo que hace una persona para ayudar a salvar a un animal amenazado.

Pingüinos globales

El Dr. Pablo Borboroglu es **biólogo marino.** Le preocupan mucho los pingüinos. Él creó la Sociedad Global de Pingüinos para protegerlos.

Muchas especies de pingüinos están amenazadas. La pesca excesiva hace que los pingüinos viajen lejos para buscar alimento. Los derrames de petróleo, la basura y las sustancias químicas contaminan los océanos.

(bkgd) Design Pics/Kristy-Anne Glubish, (bl) Whitley Fund for Nature, (cr) Lissa Harrison.

El Dr. Borboroglu, un biólogo argentino, ha ganado premios internacionales por su trabajo con los pingüinos.

Los pingüinos también están perdiendo su **hábitat**. La gente está construyendo en tierras donde había colonias de pingüinos.

La salud de la población de pingüinos nos ayuda a aprender sobre la salud de los océanos. Los pingüinos dependen de los recursos del océano para sobrevivir. Todo lo que afecta la vida en el océano, también afecta la salud de los pingüinos.

Depredadores perfectos

Los pingüinos parecen torpes en la tierra, pero corren tan rápido como la gente. Pueden saltar del agua a la tierra. Nadan muy velozmente. Un gancho en el pico los ayuda a atrapar presas y sostenerlas mientras nadan. Tienen cerdas en la lengua para retener y tragar presas escurridizas.

El Dr. Borboroglu intenta que la gente de todo el mundo proteja a los pingüinos y sus hábitats. Quiere usar a los pingüinos para señalar las amenazas que enfrentan todos los animales marinos.

En algunos lugares, los pingüinos son una atracción turística. El Dr. Borboroglu ha tenido éxito al ayudar a los lugareños a hallar modos de que los turistas vean a los pingüinos en su ambiente natural sin molestar a las aves ni sus sitios de anidación.

Royalty-t/CORBIS

Haz conexiones

En *Pingüinos globales*, ¿cómo ayuda a los pingüinos el Dr. Borboroglu? **PREGUNTA ESENCIAL**

En *La protección de las islas* y *Pingüinos globales*, ¿qué hace la gente en conjunto para proteger a los animales y los lugares? **EL TEXTO Y OTROS TEXTOS**

Glosario

algas organismos pequeños parecidos a las plantas ***(página 7)***

atolón isla de coral que tiene un arrecife que rodea una laguna ***(página 3)***

biólogo marino persona que estudia las plantas y los animales que viven en el océano ***(página 16)***

ecosistema comunidad de animales, plantas y otros organismos y su ambiente ***(página 5)***

endémico que vive solo en un lugar en particular ***(página 4)***

extintinguirse dejar de existir ***(página 3)***

hábitat lugar donde un animal o una planta vive generalmente ***(página 17)***

herbívoro animal que solo come plantas ***(página 7)***

Índice

Enfoque:

Ciencias

Propósito Investigar sobre un animal en peligro de extinción

Paso a paso

Paso 1 Elige un animal en peligro de extinción.

Paso 2 Investiga todo lo que puedas sobre el animal: dónde vive, qué come, las amenazas a su supervivencia.

Paso 3 Haz una tabla de dos columnas.

Paso 4 En la primera columna, haz una lista de las amenazas que enfrenta tu animal.

Paso 5 En la segunda columna, haz una lista de las posibles soluciones para la amenaza.

Conclusión ¿Piensas que la gente puede ayudar a reducir las amenazas que enfrenta tu animal?